밤하늘은 왜 어두울까?

POURQUOI LA NUIT EST-ELLE NOIRE?

by Jean-Michel Alimi

민음 바칼로레아 016

밤하늘은 왜 어두울까?

장미셸 알리미 ┃ 곽영직 감수 ┃ 김성희 옮김

민음in

● **일러두기**

1 본문 가장자리에 있는 사과 🍎 는 이 책을 통해 반드시 이해해야 하는
   핵심 개념을 표시한 것입니다.
2 본문 아래쪽의 주는 독자들이 본문 내용을 쉽게 이해할 수 있도록 한국어판에 특별히 붙인 것입니다.
3 인명 및 지명 표기는 한글 맞춤법 통일안 및 외래어 표기 규정을 따랐습니다.
4 본문에 사용한 부호 및 기호의 뜻은 다음과 같습니다.
   ― 전집, 단행본: 『 』
   ― 신문, 잡지: 〈 〉
   ― 개별 작품, 논문, 기사: 「 」

차례

질문 : 밤하늘은 왜 어두울까?

밤하늘은 왜 어두울까? 이 질문에 대한 답은 너무나 간단해 보인다. 낮에는 태양이 빛나니까 밝고, 밤에는 태양이 빛나지 않으니까 어두운 거지! 이것으로 질문은 해결된 것일까? 천만의 말씀이다. 겉으로 가장 단순해 보이는 문제가 사실은 가장 심오한 내용을 숨기고 있을 때가 많다.

해 질 무렵이면 하늘에 별이 하나 둘 나타나기 시작한다. 밤이 완전히 드리우면 하늘에는 또 하나의 새로운 세계가 펼쳐진다. 끝이 없는 무한한 공간에 별이 무수히 흩뿌려진 세계이다. 이렇듯 별이 많다면 밤하늘은 그 별들이 내는 빛만으로도 밝아야 할 것이다. 그럼에도 밤하늘은 어둡다. 왜 그럴까? 이것이 바로 수 세기 동안 수많은 과학자와 철학자들의 마음을 사로잡

앗던 어두운 밤하늘의 역설이다. 이 책의 목적은 이 역설을 푸는 데 있다.

'밤하늘은 왜 어두울까?' 라는 질문은 기초 과학의 토대를 이루는 질문이라고 할 수 있다. 그 이유를 다음과 같이 세 가지로 나누어 생각해 볼 수 있다.

첫째, 겉으로는 단순해 보이지만 결코 단순하지 않은 질문이기 때문이다. 일단 일상적인 용어로 낮과 밤을 설명하면 이 질문은 간단하기 그지없다. 태양이 뜨면 빛이 지평선에서부터 올라오고, 태양이 정점에 달하면 빛이 퍼져서 가장 밝은 낮이 된다. 그리고 태양이 지구의 다른 쪽을 비추기 위해서 물러가면 낮은 사라지고 어두운 밤이 된다. 이런 식으로 설명하면 낮과 밤은 복잡할 것도 흥미로울 것도 없다. 책 한 권에 담을 분량조차 되지 않는다.

하지만 이러한 설명에 충분히 만족할 수 있을까? 실제로 어두운 밤하늘의 역설을 풀기 위해서는 공간과 시간의 특성, 빛의 성질, 우주의 구조, 유한하거나 무한한 우주의 팽창, 그리고 우주의 나이에 대해 생각해 봐야 한다. 모두 매우 심오하며, 전문 지식이 필요한 내용이다.

둘째, 돈이 되지도 않고 돈이 들지도 않지만 가치가 있는 질문이기 때문이다. 이 질문에 대한 답을 구한다고 해서 기술적

진보가 이루어지는 것도 아니고 경제 활동이나 사회 활동에 보탬이 되는 것도 아니다. 과학 연구를 이와 같은 기준으로 평가해서는 안 되지만, 현실에서 과학 연구란 기술을 진보시키든 돈을 벌 수 있게 해 주든 인간에게 직접적인 도움이 되어야 그 가치를 인정받게 마련이다. 또한 이 질문은 돈이 안 든다. 밤하늘이 왜 어두운가를 알기 위해 당장 관측 기구를 갖추어야 하는 것도 아니고, 돈을 많이 들여서 연구진을 섭외하고 실험 재료를 마련할 필요도 없다. 밤하늘이 어둡다는 것은 누구나 쉽게 인지할 수 있는 사실이다.

하지만 이 질문에는 우리가 미처 깨닫지 못하는 큰 가치가 숨어 있다. 우주에서 우리의 자리는 어디쯤이고, 우리는 왜 존재하는지에 대한 물음에서부터 세계와 우주의 본질에 대한 물음으로까지 확장할 수 있기 때문이다. 16세기 영국의 천문학자 토머스 디지스[●]는 우주를 형이상학적인 것이라고 규정한 바 있다. 이처럼 밤하늘이 어두운 이유를 밝혀내는 문제는 철학적

● ● ●

토머스 디지스(Thomas Digges, 1546~1595) 영국의 천문학자. 존 디와 친구였으며 티코 브라헤와 동시대인이었다. 티코 브라헤가 초신성이라고 명명한 새로운 별에 대한 관측기를 통해 당시 최고의 천문 관측가로 자리매김했다.

이고 상징적이며 형이상학적인 문제로까지 확장할 수 있는 것이다. 비록 과학에서 그 답을 찾기는 했지만 말이다.

셋째, 세계에 관한 물리적 지식을 요하는 질문이기 때문이다. 밤하늘이 어두운 이유를 규명하는 것은 우주론의 핵심이다. 뒤에서 이야기하겠지만, 인류의 역사 이래로 이 질문에 대한 그럴듯한 답변들이 나왔지만 결국 틀린 것으로 판명되었다. 이는 우주에 대한 지식이 점점 발전함에 따라 이전에는 해답이라고 여겨졌던 것들이 사실이 아닌 것으로 드러났기 때문이다.

오늘날 우리는 하나의 확고한 해답을 가지고 있으며, 이 답은 현대 우주론의 발전과 깊은 관련이 있다. 물론 그렇다고 해서 그 답이 영원히 확실한 정답이라고 말할 수는 없을지도 모른다. 빅뱅 이론을 반대하는 이들이 논쟁을 제기했던 것처럼, 이 답 또한 새로운 논쟁의 대상이 될 위험은 언제나 있기 때문이다. 어쨌든 지금까지는 이 이론이 가장 설득력 있는 것으로 받아들여지고 있다. 따라서 이 책에서는 빅뱅 이론을 토대로 질문에 대한 대답을 찾아보아도 될 것 같다.

밤하늘이 어두운 이유를 찾기까지는 갈 길이 멀다. 먼저 다음과 같은 질문에서 출발해 보자. 우주는 정말로 무한할까? 우주가 유한하다면 밤하늘이 어두운 이유를 왜 설명할 수 없는 것일까? 왜 사람들은 우주가 무한하다고 생각하게 되었을까?

현재 우주가 무한하다는 증거는 무엇일까?

이 질문들에 대한 답을 찾아본 다음 밤하늘이 왜 어두운가 하는 수수께끼의 답을 찾는 데 가장 그럴듯하고 역사적으로 중요한 역할을 했던 가설을 몇 가지 검토할 것이다. 그리고 그 논쟁에 결정적으로 종지부를 찍은 최초의 정답을 알아볼 것이다. 이것은 시인 에드거 앨런 포°에게 그 공을 돌려야 하는데, 빛의 속도가 유한하다는 것과 별의 수명을 논거로 하고 있다.

그 내용을 지나면 드디어 현대 우주론이 말하는 정답을 만나게 되는데, 문제는 이 정답이 우주가 팽창 중이라는 것을 전제로 하고 있다는 사실이다. 따라서 우주가 팽창한다는 것이 무슨 뜻인지, 왜 우주가 팽창하는지부터 알아야 한다. 이 과정에서 빅뱅 이론이 등장하게 되는데, 그 주요 특성을 살펴봄으로써 이 이론이 우리의 질문과 관련해서 어떤 의미를 지니는지

● ● ●

에드거 앨런 포(Edgar Alan Poe, 1809~1849) 미국의 시인, 소설가. 1809년 미국 매사추세츠 주 보스턴에서 태어나 불우한 유년 시절을 보냈다. 1835년 사촌 버지니아 클렘과 결혼했으나 그녀는 병약해서 일찍 죽었으며, 그 역시 1849년 리치먼드의 거리에서 술에 취해 죽음을 맞았다. 대표작으로 「모르그 가의 살인 사건」, 「도둑맞은 편지」, 「어셔 가의 몰락」, 「검은 고양이」 등이 있다. 그의 삶은 불행했으나, 이후 서구 문학에 지대한 영향을 끼쳤으며, 단편 소설의 기초를 이룩한 작가로 아직도 많은 사랑을 받고 있다.

알 수 있을 것이다.

　마지막으로, 최근에 제시된 해답과 새로운 논쟁이 아니라 그 답을 선택한 이유, 그 답이 결정적이라고 여기는 근거에 대해 설명하는 것으로 이야기를 끝맺을 것이다.

1

우주는
무한할까, 유한할까?

고대인들은 우주를 어떻게 보았을까?

기원전 4세기경에 키티온의 제논*이 창시한 스토아 학파*
는 별들로 가득 찬 우주는 유한하며, 그 주위로 빈 공간이 무한
하게 펼쳐져 있다고 생각했다. 이 같은 생각은 우리 은하 너머
에 다른 은하들이 존재한다는 사실이 밝혀진 20세기 초까지 거

● ● ●

제논(Zēnōn ho Kyprios, 기원전 335?~기원전 263?) 고대 그리스의 철학자. 키프
로스 섬의 키티온에서 태어났다고 하여 '키티온의 제논'이라고 불린다. 스토아 학
파를 창시하였으며 여러 논문을 썼으나 단편적으로 전해질 뿐이다.

스토아 학파 기원전 3세기 초에 제논이 창시한 그리스 철학의 한 유파. 윤리학을
중요하게 다루었고 유기적 유물론 또는 범신론의 입장에서 금욕과 극기를 통하여
자연에 순종하는 현인의 생활을 이상으로 삼았다. 후에 로마의 철학자 세네카, 마
르쿠스 아우렐리우스 등이 이를 완성했다.

의 그대로 받아들여졌다. 이 세계관에 따르면 밤이 어두운 이유도 자연스럽게 해결할 수 있었다. 밤하늘이 어둡게 보이는 것은 별들 사이로 우주의 저편, 무한한 우주 바깥 공간의 어둠이 보이기 때문이었다.

아리스토텔레스* 역시 한정된 수의 별들이 닫힌 우주의 중심에 배치되어 있다고 보았다. 이 경우에도 어두운 밤하늘이라는 수수께끼는 문제될 것이 없었다. 독일의 천문학자 요하네스 케플러*가 그 이유를 설명해 준다. 그는 우주가 유한하다고 믿었으며, 이 세계가 "마치 벽이나 둥근 천장처럼 늘어서 있는 별들에 둘러싸여 있다."고 보았다. 밤하늘이 어두운 것은 단지 별이 우주 전체를 덮을 만큼 많지 않기 때문이라고 생각했다.

또한 케플러는 『별의 전령과 나눈 대화』에서 갈릴레이의 연구에 대한 회답으로 다음과 같은 논증을 펼치기도 했다.

● ● ● ●

아리스토텔레스(Aristoteles, 기원전 384~기원전 322) 고대 그리스의 철학자로 플라톤의 제자이다. 생물학과 자연철학을 강조하는 그의 철학은 후세에 많은 영향을 끼쳤으며 근 2000년 동안 서구 세계의 사고를 지배했다.

요하네스 케플러(Johannes Kepler, 1571~1630) 독일의 천문학자. 티코 브라헤의 연구 자료를 넘겨받아 타원 궤도의 법칙, 면적 속도 일정의 법칙을 발견하여 지동설을 수정했으며, 케플러식 망원경을 발명하는 등 천문학 분야에서 큰 업적을 남겼다.

당신은 우리가 눈으로 볼 수 있는 별이 만 개가 넘는다고 자신 있게 말하고 있습니다. 하지만 별이 더 많아지고 빽빽해질수록, 제가 『신성(新星)에 대하여』에서 발표했던 대로, 우주는 무한할 수 없다는 제 주장에 더 확실한 논거가 됩니다. (중략) 각거리*로 1분보다 더 작은 별이 천 개 있다고 가정해 보십시오. 그 별들을 한자리에 모으면 태양과 지름이 같거나 더 큰 구가 될 것입니다. 만 개의 별을 하나로 모은다면 어떻겠습니까? 그것은 태양의 표면 크기를 훨씬 초과하겠지요? 만약 그게 사실이라면, 그리고 우리 태양과 성질이 같은 또 다른 태양들이 존재한다면, 어째서 우리 태양의 빛이 묻히지 않는 것일까요? 그 다른 태양들은 왜 바로 옆의 장소도 그리 약하게 비추고 있을까요?

그리고 케플러는 우주가 무한하다면 밤하늘이 그렇게 어두울 수 없으므로 우주는 유한하다고 결론지었다.

● ● ●

각거리 두 점 사이의 거리를 나타낼 때 미터나 킬로미터와 같은 거리 단위 대신 두 점과 관측자를 연결한 선이 이루는 각도를 이용하여 나타낸 것을 각거리라고 한다. 1도의 60분의 1을 1분, 그리고 1분의 60분의 1을 1초라고 한다.

그런데 이 같은 케플러의 생각은 문제를 해결한 것이 아니라 비껴간 것이었다. 어두운 밤하늘의 역설이 다른 역설로 대체된 것에 불과했기 때문이다. 바로 우주와 이 세계에 가장자리가 존재한다는 역설이다. 이는 기원전 5세기에 고대 그리스의 과학자이자 철학자인 아르키타스°가 이미 제기한 바 있다.

아르키타스는, 우주가 유한하다면 가장자리가 있는 게 당연하지만, 다만 그 가장자리가 무한히 먼 곳에 있다고 생각했다. 그래서 『아리스토텔레스 물리학』에서 다음과 같이 우주의 가장자리에 대한 논증을 펼쳤다.

별이 박힌 둥근 천장 끝에 내가 서 있다고 하자. 그러면 나는 팔이나 지팡이를 바깥으로 내밀 수 있을까? 그럴 수 없다고 생각하는 것은 사리에 맞지 않다. 그리고 내가 만약 그렇게 할 수 있다면, 바깥에 있는 것은 하나의 물체이거나 공간일 것이다. 그렇다면 우리는 그 바깥으로 들어갈 수 있을 것이고, 같은 방

● ● ●

아르키타스(Archytas, 기원전 430~기원전 365) 그리스의 과학자, 철학자. 피타고라스 학설을 신봉한 주요 수학자이며, 수리 역학의 창시자로 불린다. 플라톤과 교분을 맺었으며, 플라톤과 달리 기술을 중시했다. 기하학, 음향악 등에도 영향을 끼쳤다.

케플러와 아르키타스는 우주와 이 세계에 가장자리가 있다는 역설을 주장했다.

식으로 또 그 끝에 가서 또 그 바깥으로 갈 수도 있을 것이다. 지팡이를 내밀 수 있는 새로운 장소가 항상 존재하다면, 이는 무한히 확장되는 무언가가 있다는 것을 의미한다.

이 역설은 아리스토텔레스가 제시한 세계관으로는 해결할 수 없고, 우주 바깥의 빈 공간 안에 문제를 떠넘기는 스토아 학파의 세계관으로도 설명할 수 없다.

아르키타스의 논증은 심플리키우스, * 루크레티우스, * 토마스 아퀴나스, * 조르다노 브루노 * 등 여러 철학자들의 손을 거

● ● ●

심플리키우스(Simplicius, 490?~560?) 시칠리아 출신 로마의 철학자. 자신의 철학을 세웠다기보다는 아르키메데스, 아리스토텔레스 등 다른 철학자들의 저서에 설명을 붙임으로써 다른 사람들의 이해를 돕는 데 특기가 있었다.

루크레티우스(Titus Lucretius Carus, 기원전 94?~기원전 55?) 로마의 시인, 철학자. 유물론자로서 에피쿠로스와 데모크리토스의 원자설에 대한 미완의 철학시 『만물의 본성에 대하여』 6권을 남겼다.

토마스 아퀴나스(Thomas Aquinas, 1225?~1274) 이탈리아의 신학자, 철학자. 중세 스콜라 철학의 대표자 가운데 한 사람으로, 이성과 신앙의 조화를 추구하여 방대한 신학 이론의 체계를 수립했다.

조르다노 브루노(Giordano Bruno, 1548~1600) 이탈리아의 철학자, 천문학자. 우주의 무한함과 지동설을 주장하고, 반교회적인 범신론을 논하다가 이단으로 몰려 화형을 당했다. 저서에 『원인, 원리 및 유일자에 대하여』, 『무한한 우주와 세계』 등이 있다.

쳐 아이작 뉴턴°에게까지 이어졌다. 뉴턴은 우주가 유한하다면 만유인력 법칙에 따라 끝내 수축하게 될 것이므로 우주는 무한할 수밖에 없다고 생각했다. 그는 우주란 모든 방향으로 확장하고, 유클리드 기하학°의 체계를 준수하는 무한한 공간이라고 보았다.

하지만 뉴턴은 다음과 같은 의문을 제기한다. 그렇다면 무한한 우주 공간 내부에 별들은 어떻게 배치되어 있을까? 별들

● ● ● ●

아이작 뉴턴(Isaac Newton, 1642~1727) 영국의 물리학자, 수학자, 천문학자. 만유인력의 법칙, 운동 법칙, 유분법 등 물리학, 천문학, 수학 분야에서 두드러지는 발견을 했으며, 자연을 기계론적으로 바라보는 역학적 세계관으로 근대 사상과 과학의 확립에 큰 역할을 했다.

유클리드 기하학 고대 그리스 수학자 유클레이데스가 이전 수학자들의 연구를 집대성하여 완성한 『기하학 원론』을 두고 유클리드의 기하학이라고 한다. 평면상의 대상을 두고, 다섯 공리(같은 것의 또 같은 것은 서로 같다, 같은 것에 같은 것을 더하면 그 전체는 같다, 같은 것에서 같은 것을 빼면 나머지는 같다, 서로 포개어지는 것은 서로 같다, 전체는 부분보다 크다.)와 다섯 공준(임의의 점과 다른 한 점을 연결하는 직선은 단 하나뿐이다, 임의의 선분은 양끝으로 얼마든지 연장할 수 있다, 임의의 점을 중심으로 하고 임의의 길이를 반지름으로 하는 원을 그릴 수 있다, 직각은 모두 서로 같다, 두 직선이 한 직선과 만날 때, 같은 쪽에 있는 내각의 합이 2직각(180도)보다 작으면 이 두 직선을 연장할 때 2직각보다 작은 내각을 이루는 쪽에서 반드시 만난다.)을 바탕으로 여러 가지 정리 속에서 점, 선, 각, 도형들의 성질을 보여 주는 것이 주요 내용이다. 유클리드 기하학은 오랫동안 유일한 기하학으로 군림해 왔으나, 공준의 마지막 항목인 평행 공준에 대하여 의문이 제기되면서 그 연구에서 비유클리드 기하학이 탄생했다.

이 움직이지 않는 채로 유한한 우주에 놓여 있다면, 중력 이론에 따라 별들 또한 그 중심으로 떨어져서 쌓여야 할 것이다. 하지만 반대로, 별들이 정말 무한한 우주에 있다면, 별들은 일정한 방식으로 정확하게 배치되어 있어야 한다. 별이 정확하게 배치되어 있지 않을 경우 조금만 흔들려도 인력의 작용으로 다른 별에 떨어질 수 있다. 다시 말하면 우주 전체가, 뾰족한 끝으로 서서 균형을 잡는 바늘처럼 별이 언제든지 떨어질 수 있는 불안정한 상태라는 결론이 나온다.

아르키타스가 말한 공간의 개념으로 돌아가 보자. 어떤 공간이 하나의 한계선에서 끝나지 않는다고 해서 그것이 공간이 무한하다는 것을 의미하지는 않는다. 그 공간이 단지 경계가 지어져 있지 않을 뿐일 수도 있다. 19세기 들어 카를 가우스,˚ 야노슈 보요이,˚ 니콜라이 로바체프스키,˚ 게오르크 리만˚ 등의 수학자들이 유클리드 기하학 등 기존의 수학적 한계를 극복

● ● ●

카를 가우스(Karl Friedrich Gauss, 1777~1855) 독일의 수학자, 천문학자. 근대 수학을 확립한 19세기 최고의 수학자이다. 천체 역학, 기하학, 물리학 면에서 소행성 궤도 계산, 곡면론으로 시작한 미분 기하학, 지구 자기 측정, 전신기 발명, 위상 해석학 연구 등 많은 업적을 쌓았다.

야노슈 보요이(János Bolyai, 1802~1860) 헝가리의 수학자. 「공간의 절대 과학」이라는 논문에서 평행성 이론을 연구하여 비유클리드 기하학을 창시했다.

한 연구 성과를 냄으로써, 경계나 한계선이 없어도 우주는 유한하다는 생각이 힘을 얻었다. 예를 들어 구의 평면적인 표면처럼 유한하지만 경계는 없는 입체 공간에서라면 공간의 경계에 전혀 부딪히지 않고도 영원히 공간 위를 돌아다닐 수 있다. 둥근 지구 위에 살고 있는 인간이 자유롭게 돌아다닐 수 있다는 사실을 상기하자.

'유한하지만 경계가 없는 우주'라는 개념으로 밤하늘이 왜 어두운지 그 이유를 해결할 수 있을까? 공 모양의 공간 또는 공 모양의 우주를 가정하고, 관찰자가 하늘을 향해 레이저를 쏘았다고 생각해 보자. 이 레이저는 도중에 흡수되지 않는 한 우주를 일주하게 된다. 그러나 레이저는 빛이나 에너지와 마찬가지로 별을 지나칠 때마다 중력의 영향을 받아 원래의 궤도에

● ● ●

니콜라이 로바체프스키(Nikolay Ivanovich Lobachevsky, 1792~1856) 러시아의 수학자. 비유클리드 기하학의 창시자로 카잔 대학의 교수와 학장을 지냈다. 저서에 『평행선 학설에 관한 기하학적 연구』, 『범기하학』 등이 있다.

게오르크 리만(Georg Friedrich Bernhard Riemann, 1826~1866) 독일의 수학자. 기하학과 해석학에 폭넓은 영향을 미쳤으며, 공간 기하학에 관한 그의 생각은 근대 이론 물리학 발전에 깊은 영향을 주었고 상대성 이론의 개념 정립에도 기여했다. 특히 「일반 참수론」 및 『기하학의 기초에 있는 가정에 대하여」라는 논문을 발표하여 오늘날의 함수론과 리만 기하학의 기초를 세웠다.

서 약간씩 이탈하게 될 것이고, 결국 출발점으로 정확하게 돌아오지 못하고 다른 별의 표면에 닿게 된다. 별에서 나온 빛이 모두 그런 식이라면 하늘은 별빛으로 눈부시게 빛나야 한다. 하지만 밤하늘은 여전히 어둡다.

따라서 우주를 가장자리가 없는 무한한 공간으로 생각해도 되는 것일까? 그렇다면 뉴턴이 제기한 문제점은 또 어떻게 되는 것일까? 야심 많은 뉴턴 덕분에 우리도 할 일이 많아졌다.

우주는 정말 무한할까?

우주는 정말 무한할까? 또 우주가 무한하다는 것은 무슨 의미일까?

철학자들이 오랫동안 생각해 왔던 것과는 반대로, 특히 칸트*의 생각과는 반대로, 우주가 유한한가 무한한가 하는 문제는 논리적으로 설명할 수가 있다. 하지만 그렇게 하기 위해서는 많은 과정을 거쳐야 한다.

이 문제에 답하려면 우선 유클리드 기하학에서 말하는, 평면 위에 주어진 직선 밖의 한 점을 지나고 그 직선에 평행한 직선은 단 하나라는 사실이 더 이상 유효하지 않다는 것을 알아야 한다. 즉 **유클리드의 제5공준인 평행선 공준**이 제거된 것이다. 직선 밖의 한 점을 지나고 그 직선에 평행한 직선은 하나도 존재하지 않는다는 공준을 만들더라도, 우리가 앞에서 말했던 유한하면서 경계가 없는 구면 공간에서는 성립한다. 예를 들어 지구와 같은 표면에는 그런 직선을 그을 수 없다. 반대로, 직선 밖의 한 점을 지나고 그 직선에 평행한 직선이 수없이 많다는 공준은, 말의 안장처럼 오목한 곡면 모양의 무한한 쌍곡 공간에서는 성립한다. 그렇게 해서 뉴턴에게는 중요한 개념이었던 유일하고 무한한 유클리드 공간에, 무한한 수많은 공간들이 추가된다. 이 공간들은 수학적이고 형식적인 이론에서만이 아니라 실제로 존재하는 공간들이다. 뉴턴의 이론이 유클리드 공간을 전제로 한 것이라면, 알베르트 아인슈타인*의 일반 상대성 이론은 구면 공간, 평면 공간(유클리드 공간), 쌍곡 공간이라는 세 가지 공간을 효과적으로 표현한다.

● ● ●

칸트(Immanuel Kant, 1724~1804) 독일의 철학자. 뉴턴의 역학과 루소의 자연인간설을 기반으로 「순수 이성 비판」, 「실천 이성 비판」, 「판단력 비판」이라는 3대 비판 철학서를 써, 전통적인 신 중심 형이상학을 완전히 인간학으로 돌려놓았다. 칸트는 후에 피히테와 헤겔에 이르는 독일 관념론 철학의 선두 주자이자 모태로서 큰 역할을 했다. 여기서는 칸트가 "우주의 근거는 이성적으로는 설명할 수 없다."고 한 사실을 빗대어 말하는 것이다.

한편 러시아의 물리학자 알렉산드르 프리드만*과 벨기에의 물리학자 조르주 르메트르*는 우주가 **등방적**이고 균일하다, 즉 어느 방향에서 보나 어느 지점에서나 같다고 가정한다. 이 우주에 대해서 가능한 기하학은 세 가지로, 우주는 구면이거나 평면이거나 쌍곡이며, 다른 형태일 가능성은 없다.

우주의 부피, 유한하거나 무한한 특징, 그리고 진화는 어떤 형태로든 우주가 지닌 물질이나 에너지의 양에 따라 결정된다. **아인슈타인의 방정식***은 물질의 에너지나 밀도를 통해 우주가 유한한지 무한한지 확인할 수 있음을 분명하게 보여 준다. 일

● ● ●

알베르트 아인슈타인(Albert Einstein, 1879~1955). 독일 출생의 미국 이론 물리학자. 광양자설, 특수 상대성 이론, 일반 상대성 이론, 통일장 이론 등을 연구하여, 갈릴레이와 뉴턴의 역학이 지배하던 물리학을 완전히 다른 관점에서 뒤흔들었다. 광전 효과와 이론 물리학 연구에서 쌓은 업적으로 1921년 노벨 물리학상을 수상했다. 사후에 미국에서 아인슈타인 상을 제정하여 해마다 두 명의 과학자에게 상을 수여하고 있다.

알렉산드르 프리드만(Aleksandr Friedmann, 1888~1925). 러시아의 수학자이자 기상학자. 아인슈타인은 우주의 수축이나 팽창을 막기 위해 우주 상수를 도입했지만, 이것이 0인 경우의 해를 구하지 못했다. 프리드만은 이것을 풀어 우주가 팽창한다는 것을 알아냈다.

조르주 르메트르(Georges Lemaitre, 1894~1966). 벨기에의 천문학자이자 우주학자. 아인슈타인의 일반 상대성 이론과 일치하는 우주 모델을 만들다가 우주가 팽창한다는 사실을 발견하여 현대 빅뱅 이론의 기초를 마련했다.

반적으로 1세제곱미터당 수소 원자가 세 개 이상 들어 있는 우주는 닫혀 있고, 그 부피는 유한하며, 만곡[*]은 양의 곡률을 보인다. 반대로 1세제곱미터당 수소 원자가 세 개 이하일 경우 우주는 열려 있고, 그 부피는 무한하며, 만곡은 음의 곡률을 보인다. 이 두 공간 형태의 사이에 있는 것이 만곡이 없는 유클리드 공간이다. 그러나 오늘날 천문학자들은 우주를 이루는 물질의 밀도를 정확하게 측정하지 못한다. 그 결과 우주 기하학은 아직 확립되지 않은 상태이다.

게다가 공간을 명확하게 특징지어서 그 공간이 유한한지 무한한지를 결정하려면 만곡만 알아서는 안 된다. 만곡은 부분적인 특성이므로 하나의 만곡에서도 전체 구조는 다양하게 달라질 수 있다. 즉 여러 가지 **위상 기하학**[*]이 가능한 것이다. 공간 의 위상 기하학은 그 공간상의 점이 지니는 기하학적 환경의

● ● ● ●

아인슈타인의 방정식 뉴턴의 운동 방정식을 4차원 시공간으로 확장한 방정식으로, 질량과 에너지의 분포에 따라 시간과 공간이 어떻게 휘어지는지, 또 휘어진 공간을 따라 물체와 빛이 어떻게 움직이는지 등을 계산한다.

만곡 일반 상대성 이론의 요지는 중력이 시공간을 휘게 만든다. 즉 질량을 가진 물체는 시공간을 휘게 한다는 것이다. 이때 휘어서 움푹 파인 공간을 '만곡'이라고 부른다. 만곡의 곡률이 양수일 경우 구면이 되고, 음수일 경우 쌍곡이 된다.

특성을 정의한 것으로, 공간의 결합 구조가 어떤지를 따진다. 이를테면 우리 우주는 한 점의 가까이에 있다는 것이 그 점 바로 옆에 있다는 것을 의미하지는 않는 복잡한 구조를 가지고 있을 수도 있다. 정육면체나 반으로 똑같이 접혀지는 다각형도 그러한 구조의 한 예가 된다. 정육면체의 경우, 마주 보는 세 쌍의 면이 서로 연결되어 있으니까 말이다. 따라서 공간의 위상 기하학은 가운데가 텅 빈 도넛 같은 원환면과 비슷하다. 물론 그러한 공간을 시각적으로 나타내기는 매우 어렵다. 면적이 일정하고 3차원 공간에 놓인 물체로 표현할 수 있는 것이 아니라, 4차원 시공간 속에 놓인 3차원 공간의 형태로 표현해야 하기 때문이다. 우리가 쉽게 그리거나 상상할 수 있는 공간은 아니지만, 어쨌든 천문학은 그러한 모델을 배제하지 않는다.

그런데 그와 같은 공간에서 빛은 다각형의 한 면에서 다른 면으로 돌아다니고, 그러다가 처음 면으로 자동적으로 다시 돌

● ● ●

위상 기하학 공간의 위상적 성질을 연구하는 수학의 한 분야로서 토폴로지 (topology)라고도 한다. 뫼비우스의 띠와 오일러의 정리 등이 대표적이다. 위상 기하학의 연구 대상은 추상 공간으로까지 확대되어 위상 해석학을 낳았고 이는 20세기 수학을 대표하는 분야가 되었다. 오늘날에도 위상 기하학은 다른 분야와 밀접한 관련을 맺고 발전하고 있다.

아오기도 한다. 마치 자유자재로 땅 속을 헤집고 다니는 족제비처럼 말이다. 이때 거대한 거울 효과가 발생하는데, 그 효과 때문에 유한한 우주가 무한한 우주로 보일 수도 있다. 그렇다면 우주는 유한한 것일까?

오늘날 우주 공간의 만곡과 그 위상 기하학을 명확하게 밝혀내기 위한 시도가 다양하게 이루어지고 있다. 요컨대 물질의 밀도나 모든 형태의 에너지(빛 에너지, 암흑 물질,˙ 암흑 에너지˙ 등)에서 출발해서 만곡을 계산하고, 천문학자들이 우주 물체를 똑같이 모방하거나 우주를 모방해서 만든 우주 지도에 대한 연구를 통해 전체적인 기하를 짐작해 보는 것이다. 과연 어떤 연구들이 진행되고 있는지, 그리고 그 결과가 어떤지에 대해서 모두 알아보려면 이 책 한 권으로는 턱없이 부족하다. 따라서 여기서는 우주 모델을 살펴봄에 있어 열린 모델이나 평평한 모

● ● ●

암흑 물질 우주의 질량을 측정할 때 보이는 물질의 질량만으로 계산하면 우주의 질량이 엄청나게 모자란다. 따라서 우리가 볼 수 없는 물질이 우주 질량의 대부분을 차지하고 있다는 말인데, 그 보이지 않는 물질을 두고 암흑 물질이라고 한다. 암흑 물질에 대한 이야기는 본문에서 다시 등장한다.
암흑 에너지 우주 팽창의 가속화를 설명하기 위해 나온 것으로, 중력과는 반대로 작용하는 미지의 힘. 암흑에너지가 무엇으로 이루어졌는지는 아직 알 수 없으며, 물질은 아니면서 에너지로는 존재하는 진공에너지도 암흑에너지의 후보 중 하나다.

델을 확실하게 배제시킬 수 있는 단계는 아니란 것만 알아 두자. 최근에, 우주의 에너지가 대부분 진공 에너지라고 보는, 일부가 닫힌 우주 모델에 우위를 두는 측정 결과들이 나왔지만 여기까지 알 필요는 없다. 밤하늘이 어두운 이유를 풀 수 있는 해답은 유한한 우주이든 무한한 우주이든 상관없이 나올 수 있기 때문이다.

2

밤하늘이
어두운 이유는 무엇일까?

어떤 가설이 있었을까?

18세기 영국의 천문학자 에드먼드 핼리*는 처음으로 밤하늘이 어두운 이유를 무한한 우주라는 틀에서 찾아보려고 했던 사람들 중 한 명이다. 핼리는 지금까지 우리가 무시해 왔던 측면을 통해 문제에 접근했다. 별에서 나온 빛이 도대체 어떻게 지구까지 다다를까?

● ● ●

에드먼드 핼리(Edmund Halley, 1656~1742) 영국의 천문학자. 1682년 등장한 대혜성이 1531년과 1607년에 나타난 혜성이 돌아온 것이라고 주장하고 그 궤도를 계산하여 『혜성 천문학 총론』이라는 책으로 펴냈다. 일반인에게는 이 혜성에 붙은 이름인 핼리 혜성으로 친숙한 인물이다. 뉴턴이 『프린키피아』를 출간할 때 자료를 제공하고 출판비를 부담하는 등 큰 힘이 되어 주었다.

핼리는 별의 표면 광도는 관측자와 별 사이 거리의 제곱에 반비례하고, 별들 사이의 간격은 그 별들과 관측자의 거리에 반비례한다는 두 가지 사실 때문에 밤이 어둡다고 결론을 내렸다. 하지만 안타깝게도 이 답은 신빙성이 없다. 별들이 균일하게 분포되어 있다고 가정했을 때 관측자가 보는 별의 수 또한 거리의 제곱에 비례해서 증가하기 때문에, 기하학적으로 볼 때 거리에 따라 감소한 광도를 충분히 상쇄할 수 있다. 그는 또 다른 해답을 제시하기도 했다. 밤하늘이 어두운 것은 "아주 멀리 있는 어떤 별과 그보다는 훨씬 더 가까운 거리에 있는 또 다른 별들이 크기가 너무나 작아서 우리 눈에는 보이지 않기 때문이다. 아무리 성능이 뛰어난 망원경으로 본다고 해도 말이다. 그런 별들은 정말 그 위치에 있다고 하더라도 빛이 그다지 강하지 않아서 우리의 시야에 영향을 줄 수가 없다. 망원경으로는 보이는 작은 별이 육안으로는 조금도 보이지 않는 것과 같은 이치이다."

이 논증은 150년 전 토머스 디지스가 주장했던 것과 비슷하다. 실제로 멀리 떨어져 있는 별 하나하나가 내는 빛은 너무 약해서 눈으로 확인하기 어렵다. 하지만 이 주장도 완전한 답은 아니다. 실제로 계산해 보면 모든 별이 내는 빛의 총합은 눈에 보일 만큼 충분히 밝기 때문이다.

그렇다면 별에서 나오는 빛이 모두 지구까지 도달하지 않는 게 아닐까? 만약 그것이 사실이라면 아무리 많은 별이 있다고 해도 그 별에서 나온 빛을 모두 더한 것이 온 하늘을 밝히기에 모자랄 수도 있고, 따라서 밤하늘이 어두운 이유에 대한 설명 이 될 수 있다.

스위스의 천문학자 장필립 루아 드 세소˚와 독일의 천문학 자 하인리히 올베르스˚가 제시한 해답은 바로 그러한 가정을 전제로 하고 있다. 세소와 올베르스는 별빛이 상당 부분, 또는 전부가 거리의 제곱에 비례해서 광도가 감소할 뿐만 아니라, 우주를 가득 채운 유체(아마도 에테르)에 흡수되고 있다고 생각 했다. 그러나 이것은 틀린 설명이었다. 빛과 열은 에너지의 특 수한 형태이므로, 별에서 나온 빛을 흡수한 물질은 곧바로 그

● ● ●

장필립 루아 드 셰소(Jean-Philippe Loys de Chéseaux, 1718~1751) 스위스의 수 학자, 천문학자. 세소 혜성의 발견자로 유명하다. 본문에 등장한 밤하늘이 어두운 이유에 대한 주장과, 「다니엘서」에 나온 천문학적 묘사를 바탕으로 예수의 십자가 처형일을 계산해 보고자 했다.

하인리히 올베르스(Heinrich Olbers, 1758~1840) 독일의 물리학자, 천문학자. 혜성 1개와 소행성 2개의 궤도를 계산해 냈으면서도 본직은 물리학자이고 천문학 면에서는 아마추어로 남기를 고집한 일화가 남아 있다. 1823년 별들이 우주 공간 에 일정하게 분포되어 있고 우주가 무한하다면 밤하늘은 결코 어두울 리가 없다는 '올베르스 역설' 을 제기했다.

빛에 상응하는 에너지를 얻게 된다. 그러므로 셰소와 올베르스의 말처럼 별빛이 우주에 흡수된다면, 결국 우주 전체는 그 에너지로 가열되어 용광로처럼 타올랐을 것이다. 일반적인 별의 표면 온도를 감안할 때(6000켈빈[*] 이상), 그렇게 되면 모든 생명체가 소멸되고 말았을 것이다.

그럼 이번에는 우주에 있는 별이 모두 빛나는 것은 아니라고 생각해 보는 것은 어떨까? 우리 눈에 보이는 별들과는 다른 어두운 별들이 우주 공간을 가득 채우고 있다고 가정하는 것이다. 20세기 초 영국의 물리학자 에드워드 포니어 달브[*]가 제시한 가설로, 말이 전혀 안 되는 것은 아니다. 현대 우주론이 다루는 문제 중 하나인 **암흑 물질**을 떠오르게 하기 때문이다. 우주에는 보이는 것이 전부가 아니다. 태양 근처, 은하 및 은하단 내부 등 우주 곳곳에는 빛을 발하는 물질보다 보이지 않는 물질, 다시 말해 암흑 물질이 전체의 90퍼센트에 이른다. 이 암흑

● ● ●

켈빈 절대 온도의 단위. 절대 온도란 물질의 특별한 상태와 관계가 없는 온도로, 이론상 생각할 수 있는 최저 온도를 기준으로 한다. 영국의 물리학자 켈빈이 도입했기 때문에 K를 사용하며, 섭씨온도에 273.15를 더한 값과 같다.

에드워드 포니어 달브(Edward Fournier d'Albe, 1868~1933) 영국의 물리학자. 켈빈의 우주론을 바탕으로 어두운 공간과 어두운 별 때문에 밤하늘이 어둡다는 가설을 내놓았다.

물질은 중력의 작용으로만 그 존재를 확인할 수 있는데, 두 가지 종류가 있는 것으로 짐작된다. 그 하나는 주위의 모든 물체를 이루는 일반적인 물질과 비슷한 것으로, 과학 용어로는 **바리온 물질**이라고 부른다. 다른 하나는 비바리온 물질로서 진공 에너지의 형태로만 나타난다. 바리온 물질은 어두운 물체, 즉 질량이 부족해서 빛을 낼 만한 에너지가 없는 천체 물질로 이루어져 있다고 여겨지고 있다. 정확한 것은 아니었지만 이것이 바로 달브가 생각한 어두운 별이 아니었을까?

이후 존 허셜,* 칸트, 리처드 프록터,* 카를 샤를리에* 등이 밤하늘이 어두운 이유를 설명하고자 다양한 가설을 내놓았다.

● ● ●

존 허셜(John Herschel, 1792~1871) 영국의 천문학자. 통계 항성(統計恒星) 천문학의 창시자이다. 대표적인 저서로 『항성 목록』, 『성운 · 성단 총 목록』이 있다. 통계적으로 밝은 별은 가까이 있고, 어두운 별은 먼 데 있다는 것을 생각하고 별들이 원반 모양의 구조를 이루고 있음을 발견했다. 이를 통해 은하계의 구조에 대한 기초를 닦았으며 밤의 어둠에 대한 문제도 이러한 관점에서 풀려고 했다. 아버지인 F. W. 허셜은 1781년에 천왕성을 발견했다.

리처드 프록터(Richard Proctor, 1837~1888) 영국의 천문학자. 화성의 지도를 제일 처음 그린 사람으로 유명하다. 또한 『미국인의 백과 사전(American Cyclopaedia)』과 『브리태니커 백과 사전』 9판의 천문학 항목을 썼을 만큼 당대의 인기 있는 천문학자이기도 했다.

카를 샤를리에(Carl Charlier, 1862~1934) 스웨덴의 천문학자. 우리 은하의 별과 궤도에 대해 많은 연구를 했고, 그 연구를 바탕으로 은하 모델을 만들려 했다.

이들은 별들의 배치 방식 때문에 별에서 방출되는 빛의 총량이 최소로 줄어든다고 보았다. 별들이 무리를 이루고 있고, 그 무리가 또 무리를 이루는 식으로 배치되어 있다면(**프랙털**[*] 배치), 하늘에는 별이 없어서 어두운 구역이 생길 것이라고 보았던 것이다. 그들의 주장처럼 오늘날 우리는 우주 속에서 은하들이 은하, 은하군, 은하단, 초은하단과 같은 식으로 서열 구조를 이루고 있다는 것을 알고 있다. 이러한 특성은 우주의 탄생 시나리오를 밝히는 열쇠의 하나이기도 하다. 그러나 실제로 우주에 서열 구조가 존재한다고 해도, 허셜을 비롯한 이들이 가정한 방식과는 전혀 다를 뿐만 아니라, 별이 아니라 은하에만 관련된 사실이다.

밤하늘이 어두운 이유를 밝혀낼 수 있는 해답은 다른 곳에 있다. 그 답을 처음 제시한 사람은 천문학자도 물리학자도 아닌 미국의 시인 에드거 앨런 포이다.

● ● ●

프랙털 부분이 전체를 닮는 자기 유사성과, 계속해서 같은 모양으로 축소 내지 확대가 가능한 순환성을 특징으로 갖는 형상. 예를 들어, 검은색 삼각형 내부에 각 변의 중점을 연결하여 흰색의 삼각형을 그리고, 그렇게 해서 생긴 작은 검은색 삼각형 내부에 또 흰색 삼각형을 그리는 식으로 계속 반복했을 때 얻게 되는 모양을 말한다. 눈의 결정의 한 모서리가 톱니 모양이었다면 그 톱니의 모서리를 확대했을 때의 모습도 톱니 모양인 것도 프랙털의 예이다.

최초의 정답은 무엇일까?

1848년에 포는 사색적인 산문시 『유레카』를 출간했다. 이 책에서 그는 우주가 팽창하고 있다는 놀라운 직관을 보여 준다. 당시 과학자들은 그의 이 같은 주장에 크게 관심을 보이지 않았다. 하지만 이 책이 바로 오늘날 밤하늘이 어두운 이유라고 널리 인정받는 해답을 처음으로 제시한 책이었다. 포는 100여 전에 이미 현대 우주론에서 탐구하는 질문들을 고민하고 있었던 것이다.

별들이 무한정 늘어서 있다면, 하늘의 배경은 우리 은하가 보여 주는 것과 같은 빛을 우리에게 늘 주었을 것이다. 그 배경 전체에 걸쳐 별이 하나도 존재하지 않는 지점은 절대로 없을 테니까 말이다. 따라서 망원경에 잡히는 사방의 빈 공간을 설명할 수 있는 방법은 단 하나이다. 눈에 보이지 않는 그 배경이 너무나 멀리 떨어져 있어서 우리가 있는 곳까지 빛이 전혀 도달하지 못한다는 것이다.

포는 밤하늘이 왜 어두운지에 대해 설명하면서 빛의 속도와 별의 수명이라는 자료를 처음으로 도입한다. 이것은 새로울 뿐만 아니라 결정적이기도 했다. 17세기에 덴마크의 천문학자 올라우스 뢰머˙가 빛의 속도를 측정한 이래 포가 살았던 시대의 사람들도 빛이 순식간에 이동하지 않는다는 사실 정도는 알고 있었다. 하지만 멀리 있는 물체를 본다는 것은 과거에 그 물체에서 나온 빛을 보는 것이라는 개념은 아직 확립되어 있지 않았다. 빛의 속도는 매우 빠르긴 하지만 정해진 시간에 갈 수 있는 거리는 한정되어 있다. 초속 30만 킬로미터인 빛은 1초에 지구를 여덟 바퀴 돌고, 1초 만에 달까지 갈 수 있으며, 8분이면 태양까지 간다. 정말 가공할 만한 속도이다. 하지만 별과 별 사이의 공간, 은하와 은하 사이의 공간이 얼마나 큰지 생각해 보면 상대적으로 빠른 속도가 아닐 수도 있다.

포는 다음과 같이 설명한다. 우주가 처음부터 존재했던 것은 아니라고 생각해 보자. 별들도 처음부터 존재했던 것은 아니며, 우주의 역사에서 어느 한순간에 나타났다고 생각하는 것이다. 그 순간부터 일정한 시간 동안 빛이 갈 수 있는 거리는 한정되어 있다. 즉 우리가 있는 곳과 그 한정된 거리 사이에 포함

• • •

올라우스 뢰머(Olaüs Rømer, 1644~1719) 덴마크의 천문학자. 목성의 위성이 일식을 일으킬 때 빛의 속도를 측정하여, 처음으로 빛이 제한된 속도를 가진 에너지라는 사실을 밝혀냈다.

된 별에서 나온 빛만이 지구까지 도달할 수 있었다는 뜻이다. 그러므로 밤하늘을 밝히는 별의 수는 유한하며, 어쩌면 그렇게 많지 않을 수도 있다. 이처럼 포는 빛의 속도가 한정되어 있기 때문에, 그리고 별이 처음부터 존재하지는 않았기 때문에 밤하늘이 어두운 것이라고 설명한다.

1884년에 영국의 물리학자 윌리엄 톰슨 켈빈°이 볼티모어에서 한 강연이 1904년에 책으로 출간되었다. 이 책의 18장과 19장에서 켈빈은 어두운 밤하늘의 문제를 다루었다. 그런데 바로 거기에 포가 제시했던 해답이 씌어 있다. 켈빈은 빛의 한정된 속도와 별의 한정된 수명 때문에 밤이 어둡다고 설명하고, 계산을 통해 이를 증명해 보였다.

어떻게 계산으로 증명할 수 있었을까? 켈빈은 먼저 별로 덮인 하늘의 비율이 얼마나 되는지를 측정하고자 했다. 즉 태양의 광도에 대한 별들로 빛나는 하늘의 광도의 비율을 계산한 것이다. 이는 **가시 한계**에 대한 눈으로 볼 수 있는 우주의 비율

● ● ●

윌리엄 톰슨 켈빈(William Thomson Kelvin, 1824~1907), 스코틀랜드 출신의 영국 물리학자. 글래스고 대학 교수, 총장, 영국 왕립 학회 회장 등을 역임하면서 물리학과 그 응용 분야에서 큰 업적을 남겼다. 카르노의 열기관을 이용하여 절대온도(켈빈 온도)를 도입했으며, 열역학을 확립한 공헌자이기도 했다.

켈빈은 별로 뒤덮인 밤하늘이 비율이 얼마나 되는지를 측정하고자 했다.
즉 태양의 광도에 대한 별들로 빛나는 하늘의 광도의 비율을 계산한 것이다.

과도 같다. 여기서 가시 한계란 두 개의 별을 구별할 수 있게 해 주는 평균 거리를 계산한 것이다. 그 비율이 1보다 크거나 같다면 별들로 뒤덮인 밤하늘은 태양만큼 밝게 보일 것이고, 반대로 그 비율이 1보다 작다면 밤하늘은 어둡게 보일 것이다.

이 비율을 계산하기 위해 켈빈은 다음과 같은 방법을 사용했다. 무한히 비어 있는 우주 모델을 주장했던 사람들이 가정한 것처럼, 우리 은하 너머로는 별이 하나도 없다면 눈으로 볼 수 있는 우주의 크기는 바로 우리 은하의 크기가 된다고 생각한 것이다. 이 크기는 당시 천문학 자료를 토대로 측정할 수 있었다. 또한 켈빈은 그 자료를 가지고 당시 우주에 대한 가시 한계가 우주의 크기보다 훨씬 크다는 사실을 증명했다. 켈빈에게 별은 본질적으로 하늘에서 빛나는 점처럼 보였고, 그 수도 많지 않았다. 계산 결과, 눈으로 볼 수 있는 우주의 크기를 가시 한계로 나눈 값은 1보다 훨씬 작았다. 켈빈은 이 같은 결과를 바탕으로 밤하늘이 어둡다는 결론을 내렸다.

또한 켈빈은, 개인적으로는 신빙성이 별로 없다고 생각하면서도, 우주가 별들로 가득 차 있을지도 모른다는 가능성에 대해서도 검토해 보았다. 그가 계산한 결과에 따르면 밤하늘은 나중에 어두워진 것이었다. 실제로 아주 먼 공간에서부터 오는 빛은 아주 긴 시간을 여행해야 우리가 보는 곳까지 도달한다.

켈빈의 표현을 빌리자면, 거대한 우리 은하 바깥쪽에 있는 별에서부터 은하 중심까지 오는 빛이 우리에게 도달하기까지 걸리는 시간은, 별이 빛나기 시작한 이후 흐른 시간을 넉넉하게 계산한 것보다도 훨씬 긴 시간일 것이다. 그렇게 해서 거대한 우리 은하의 별들이 동시에 빛나기 시작했다고 하더라도 매 순간 지구에 도달하는 빛은 한정된 별에서만 오는 양에 지나지 않는다. 따라서 눈으로 볼 수 있는 우주는 가시 한계에 비해 빛이 아주 흐리다. 그래서 별들로 빛나는 하늘의 광도가 태양의 광도보다 훨씬 낮은 것이다. 이렇게 켈빈은 포가 머릿속으로만 예측했던 것을 정확하게 증명해 보인다.

이제부터 살펴볼 우주에 대한 현대적 개념도 포와 켈빈의 가설에서 출발한다. 빛의 속도가 유한하다는 것이 특수 상대성 이론의 기초가 되었고, 별의 수명이 유한하다는 사실이 빅뱅 이론에서 증명되었다. 하지만 문제는 한편으로는 완전히 새롭게 전개된다.

3

우주는 어떤
상태일까?

팽창하는 우주 – 빅뱅 이론

포와 켈빈 이후 과학은 큰 변화를 맞았고, 우주에 대한 개념도 많이 수정되었다. 아인슈타인의 일반 상대성 이론의 틀에서, 빅뱅 이론이 새로운 우주를 만들어 낸 것이다. 빅뱅 이론을 토대로 한 우주 모델을 보면 밤하늘이 어두운 이유를 더 잘 알 수 있을 뿐만 아니라, 새로운 지식도 얻게 된다. 먼저 빅뱅 이론에 대해 살펴보자.

아인슈타인은 특수 상대성 이론을 만들 때 모든 관성계에서 물리 법칙이 동일하다는 가설을 세우고, 역학뿐만 아니라 빛, 전기, 자기 등 모든 에너지 현상에 상대성 원리를 적용하고자 했다. 19세기 말에 나온 영국의 물리학자 제임스 맥스웰*의 이론은 전기 현상과 자기 현상을 하나로 기술하고 있는데, 이것은 뉴턴 역학, 즉 고전 물리학의 법칙과 맞지 않았다. 뉴턴 역학에서는 관찰자가 등속 직선 운동을 하고 있을 때나 정지해 있을 때나 똑같은 법칙을 적용할 수 있는 반면, 맥스웰의 이론에서는 그렇지 않았던 것이다. 이 두 이론의 모순을 해결하기 위해 앙리 푸앵카레,* 헨드릭 로렌츠,* 헤르만 민코프스키,* 그리고 아인슈타인과 같은 과학자들이 새로운 이론을 내놓았다.

아인슈타인은 고전 역학과 맥스웰의 전자기학을 하나의 설명으로 묶으려면 빛의 속도가 유한하다는 점을 명확하게 고려하여 공간과 시간에 대한 개념을 다시 세울 필요가 있다고 생각했다. 그렇게 해서 1905년에 탄생한 것이 **특수 상대성 이론**

● ● ●

제임스 맥스웰(James Maxwell, 1831~1879) 영국의 물리학자. 색채론과 전자기학, 기체 역학에서 뛰어난 업적을 남겼다. 특히 장의 개념을 집대성하여 전자 기방정식, 즉 맥스웰 방정식을 만들었으며, 빛의 전자기파설의 기초를 세웠다.

앙리 푸앵카레(Henri Poincaré, 1854~1912) 프랑스의 수학자, 물리학자, 철학자. 3차원 공간에 대해 연구함으로써 로렌츠, 아인슈타인과 함께 특수 상대성의 공동 발견자로 평가를 받는다.

헨드릭 로렌츠(Hendrik Lorentz, 1853~1928) 네덜란드의 물리학자. 빛의 반사와 굴절로부터 시작하여 물질의 전자론에 관련된 여러 이론을 정립했다. 고전 전자론을 집대성하여 고전 물리학을 완성하고 새로운 물리학 탄생의 기반을 마련하여 물리학의 아버지로도 불린다. 1902년에 노벨 물리학상을 수상했다.

헤르만 민코프스키(Hermann Minkowski, 1864~1909) 러시아 출신의 독일 수학자. 상대성 이론의 4차원적 시간과 공간을 형상화한 기하학으로 유명하다.

이다. 공간과 시간을 상관 관계가 있는 것으로 보고, 질량과 에너지를 연결시킨 것이 바로 그 유명한 공식 E=mc²이다. 이 공식을 통해 우주가 절대적 시간 속에 위치한 3차원 공간이 아니라 4차원의 시공간 연속체라는 사실이 밝혀졌다.

아인슈타인은 여기에서 멈추지 않고 기준계와 상관없이 기술할 수 있는 이론을 만들고자 했다. 특수 상대성 이론은 한 기준계가 다른 기준계에 대하여 등속도로 운동할 때만 적용되었다. 여기에 가속도라는 개념을 접목시켜 확장한 것이 1916년에 발표한 **일반 상대성 이론**이다.

일반 상대성 이론의 요점은 물체에 가속도가 생길 때 그 궤도에 나타나는 효과와 중력의 영향을 받아 나타나는 효과가 같다는 것이다. 이제 우주는 시간-공간-에너지(또는 물질)의 연속체로 확인되었고, 이 세 가지 중 어느 하나도 다른 둘을 빼놓고 생각할 수 없다는 사실이 밝혀졌다. 그리고 물체의 운동이란 질량을 가진 물체가 야기하는 시공간의 기하학적 변형을 따라 점차 이동하는 것으로 해석되었다. 그렇게 해서 우주는 다른 물체처럼 물리적 대상이 되었고, 그것이 가지고 있는 질량 또는 에너지의 양에 따라 변형되거나 붕괴되거나 흩어질 수 있는 것으로 인식되었다. 게다가 우주 역학의 원인도 바로 우주 자체가 가지고 있는 중력이었다. 우주의 팽창은 최초의 폭발로부터 생긴 처음 조건의 결과가 아니라 우주의 성질, 적어도 우리가 알고 있는 우주의 성질에 따른 결과이다. 주목할 만한 점은 우주가 팽창한다는 것이 바깥으로만 더 커지는 것이 아니라 모든 공간이 균일하게 팽창하고 있다는 것을 의미한다는 사실이다. 따라서 우주의 팽창은 아주 특별한 운동이다. 두 개의 점이 공간 속에 고정되어 있으면서도 그 사이의 거리는 벌어진다. 즉 그 두 점 사이의 공간을 수학적으로 측정한 치수가 시간의 경과에 따라 점점 커지는 것이다.

1929년 미국의 천문학자 에드윈 허블*은 망원경을 통해 은하들이 후퇴하고 있는 것을 관측했다. 이로 인해 우주 팽창론은 더욱 확고한 위치를 차지하기에 이르렀다. 하지만 그전에 신중하게 고려해야 할 몇 가지 사항이 있다. 기본적인 물리 법칙과 충돌하지 않으면서 은하가 후퇴하는 현상을 설명할 수 있는 방법이 있을까? 우주의 물체들은 어떻게 가공할 속도로 이

● ● ●

상대성 이론 특수 상대성 이론과 일반 상대성 이론에 대해서는 이 시리즈의 『상대성 이론이란 무엇인가?』를 참고하라.
에드윈 허블(Edwin Hubble, 1889~1953) 미국의 천문학자. 미국 캘리포니아에 있는 윌슨 산 천문대에서 광학 망원경을 이용하여 우리 은하 밖에도 많은 은하가 존재하며, 그 은하들이 우리 은하에서 점점 멀어지고 있다는 사실을 밝혀냈다.

동하면서 서로 멀어질 수 있을까?

에너지와 질량을 가진 은하라는 물체가 운동하고 있으며 그 속도가 빛보다 **빠를** 수 있다고 보는 **뉴턴적 우주관**은 더 이상 통하지 않는다. 이러한 가설은 물리학적 경험에서도 틀린 것으로 판명되었다. **상대론적 우주관**에서는 물체가 아니라 공간 자체가 팽창하고 있다. 공간 자체는 빛의 속도보다 더 빠른 속도로 팽창한다고 해도 물리 법칙에 위배되는 것은 아니다.

우주의 팽창은 우주의 역사와 함께 일정한 리듬을 따라 전개되었다. 빅뱅 이후 시간이 흐르면서 우주는 팽창으로 인해 밀도와 온도가 감소했다. 그렇게 해서 우주는 수십억 도의 온도를 유지하게 되고, 간단한 최초의 소립자들이 형성되기에 유리한 조건들이 갖추어진다. 그 다음에 이어지는 단계가 이 책의 물음을 해결하는 데 중요하다. 우선 가벼운 원소들의 핵이 최초로 합성된다. 오늘날 우리가 관측할 수 있는 원소들, 즉 수소 75퍼센트, 헬륨 24퍼센트, 그리고 1퍼센트 미만의 중수소와 리튬이 우주 탄생의 순간에 생겨났던 것이다. 달리 말하면 우주가 이러한 물질 형성에 적당한 온도 상태에 있던 시간 동안에 최초의 물질(양성자와 중성자)이 생성되었다고 할 수 있다. 지금 우리의 기준으로는 매우 짧은 시간에 불과하지만 약 150억 년 전에는 충분히 긴 시간이었을 것이다. 그 후 밀도와 온도가 다시 적당한 조건을 갖추게 되자 원자핵과 전자가 결합하면서 최초의 원자들이 형성되었고, 같은 방법으로 최초의 분자들이 만들어지고, 최초의 분자 구름이, 그리고 점점 더 복잡한 구조를 가진 분자 구름들이 나타났다. 이어 별들과 최초의 은하들이 만들어졌고, 오늘날 볼 수 있는 하늘이 나타난 것이다.

빅뱅 이론*은 우주의 역사를 규명하고 있다. 빅뱅 이론의 갈래 중에는 우주의 태초까지 예측하는 시나리오도 있고, 그 부분은 말하지 않는 시나리오도 있지만, 별이 처음부터 존재할 수는 없었다는 사실만은 모두 일치한다.

빅뱅 이론은 또한 다른 중요한 예측도 내놓았다. 물질이 원자의 구조를 가지게 된 후에는 우주의 밀도가 충분히 감소해서 빛이 빠져나올 수 있게 되었다는 것이다. 그전까지 빛은 고밀도의 환경 안에서 돌아다니고 있었고, 항상 물질에 다시 흡수되었다. 물질의 방해를 받지 않고 우주를 마음대로 날아갈 수 있게 된 빛은 오늘날 **우주 배경 복사**라는 형태로 흔적이 남아

• • •

빅뱅 이론 빅뱅 이론이 등장한 배경과 빅뱅 이론의 실체, 빅뱅 이론에 대한 반발로 나온 이론들에 대해서 더 자세히 알고 싶다면 이 시리즈의 『빅뱅은 정말로 있었을까?』를 참고하라.

빅뱅 이후 우주는 팽창하면서 밀도와 온도가 감소했다.

있다. * 우리가 관측할 수 있는 가장 오래된 빛이라는 점에서 '태초의 빛'이라고도 불리는 이것은 우주 전체에 퍼져 있고, 평균 온도가 정해져 있는데, 처음에는 10,000켈빈이었던 것이

● ● ●

우주 배경 복사 로버트 디키(Robert Dicke)는 정상 우주론의 결점을 보완하고 빅 뱅 이론의 증거를 찾기 위해, 빅뱅 당시에 우주가 초고온이었다면 그 흔적이 아직 도 남아 있을 거라고 생각하고 그 복사 에너지를 찾으려 했다. 그러나 1965년 미 국 벨 전화 연구소에 근무하던 로버트 윌슨(Robert Wilson)과 아노 펜지어스(Arno Penzias)가 통신 위성을 방해하는 전파 신호를 찾고 있던 중 예측하지 못했던 신호 가 사방에서 들어오고 있는 것을 발견했으며, 이것이 우주 배경 복사 (열복사) 에 너지인 것으로 밝혀졌다.

지금은 2.7켈빈(섭씨 영하 270도)으로 감소되었다. 우주 배경 복사는 우주 최초의 전파 신호라고 할 수 있으며, 빅뱅 이론의 패러다임을 다시금 공고히 하고 은하 형성의 기원을 엿볼 수 있게 해 주는 싹과도 같다.

빅뱅 이론을 중심으로 확립된 우주 모델에서 밤하늘이 어두운 이유를 설명하기 위해 내세우는 논거는 포와 켈빈이 사용했던 것과 같다. 즉 빛의 속도가 유한하고 별의 수명 또한 유한하기 때문에 밤하늘이 어둡다는 것이다. 하지만 그와 동시에 빅뱅 이론의 우주 모델은 우리의 질문을 완전히 새롭게 만들어 놓는다. 어떻게 그럴 수 있었는지를 알아보기 전에 빅뱅 이론에 대한 반발로 나타난 정상 우주론에 대해 간략하게 살펴보자.

정상 상태 우주 - 정상 우주론

빅뱅 이론이 설득력을 얻어 갈수록 그와 반대되는 이론을 내놓기는 쉽지 않다. 그 이론을 완벽하게 뒤집을 수 있는 명확한 증거들을 내놓지 못한다면 새로운 이론으로서 존재 가치가 없을 것이기 때문이다. 역사적으로 매우 유명한 예가 하나 있다. 우주는 항상 팽창하고 있지만 평균 밀도는 유지된다는 정상 우주론이 그것이다. 이 우주론을 주창한 사람은 천체물리학자 허먼 본디,* 토머스 골드,* 프레드 호일*이고, 불완전한 설명이긴 했지만 그들보다 앞서 미국의 천문학자 윌리엄 맥밀런*도 같은 의견을 내놓았다. 오늘날 이 우주론은 과학적인 타당성을 잃었지만, 이 이론과 이 이론을 약간 변형한 이론을 주창한 과학자들이 어두운 밤하늘의 역설을 설명하는 것이 우주론의 중요한 목적이라고 생각했다는 점에서 이 이론에 특별히 관심을 기울일 필요가 있다.

정상 우주론은 한마디로 우주가 항상 같은 상태를 유지하고

● ● ●

허먼 본디(Hermann Bondi, 1919~2005) 영국의 수학자, 천문학자. 오스트리아 출신으로 스위스, 미국 등지에서 살다가 호일과 함께 프로젝트를 하게 되면서 영국으로 이주했다. 정상 우주론 외에 일반 상대성 원리가 중력 복사에서도 적용됨을 증명하여 일반 상대성 이론의 황금 시대를 이끌었다.

토머스 골드(Thomas Gold, 1920~) 영국의 천문학자. 호일, 본디와 함께 정상 우주론을 발표했으며, 그 외에도 달의 구조, 태양의 폭풍과 플레어가 지구에 미치는 영향, 태양계의 기원 등에 대하여 연구했다.

프레드 호일(Fred Hoyle, 1915~2001) 영국의 천문학자. 1950년 「우주의 본질」이라는 방송 강의에서 최초로 '빅뱅'이라는 말을 사용했다. 하지만 그는 빅뱅 이론에 대항하여 '정상 우주론'을 주장했다. 스티븐 호킹이 등장하기 전에는 영국에서 가장 저명한 천문학자였다.

윌리엄 맥밀런(William Duncan MacMillan, 1871~1948) 미국의 수학자, 천문학자. 제1차 세계 대전 당시 육군 소령으로 복무했다. 다른 별에 지구보다 더 발달된 문명이 있을 가능성에 대해 연구했다.

있다고 보는 이론으로, 부분적인 경우를 제외하고는 시간이 흘러도 우주의 모습이 변하지 않는다는 것이 요점이다. 고대인이 본 정적인 우주와 뉴턴의 모델을 지나, 우주의 역학적 특징이 아직 완전히 인정을 받지 못하던 1925년에 맥밀런은, 밤하늘이 어두운 것은 복사 현상을 통해 새로운 물질이 생성되기 때문이라고 설명하는 정상 우주론을 주장한다. 그에 따르면 별은 천천히 사라지게 되어 있고, 그 빛은 모여서 하늘을 비추는 대신 나중에 새로운 별이 될 물질로 바뀐다고 했다. 늙은 별은 새로운 별로 대체되고, 그 새로운 별은 복사 에너지로 분해되어 그것이 다시 원자로 변형되고 또 새로운 별로 대체되는, 무한한 순환 과정이 일어난다는 것이다. 그는 이와 같은 방법으로 에너지가 보존되고, 하늘은 영원히 어둡게 남아 있게 된다고 주장했다.

하지만 우주의 내용물이 끊임없이 새로워지고 있다고 보는 이러한 우주론은 사실과 맞지 않는 부분들이 있다. 우선 별은 자신의 질량 전부를 복사할 수 없으며, 복사 에너지도 맥밀런이 제시한 메커니즘에 따라 물질로 다시 바뀔 수는 없다. 게다가 맥밀런의 모델은 우주는 **엔트로피**˙가 증가하는 방향으로 전환된다는, 즉 에너지는 사용 가능한 상태에서 사용 불가능한 상태로 바뀐다는 **열역학 제2법칙**을 고려하지 않고 있다. 에너지는 보존될 수는 있지만 영원히 재순환될 수는 없는 것이다.

맥밀런의 뒤를 이어 본디와 골드, 호일은 우주가 팽창한다는 것을 고려하면서 엔트로피와 관련된 문제점을 해결한 모델을 내놓는다. 이는 완전한 우주론적 원리에 기초한 것으로, 우주는 공간적으로 모든 지점에서 비슷할 뿐만 아니라 시간적으로도 어느 순간에나 비슷한 모습을 하고 있다는 것이다. 물질이 계속 만들어지고 있는 정상 상태의 우주에서는 오래된 은하들 사이로 보이는 공간을 차지하면서 새로운 은하들이 형성된다. 따라서 맥밀런의 우주에서처럼 에너지가 재순환되는 것이 아니라 낮은 엔트로피 상태에서 새로운 에너지의 형태로 물질이 계속 만들어지며, 팽창으로 인해 감소된 밀도를 그 물질이 채워 주면서 우주가 정상 상태로 유지된다는 것이다.

그러나 1965년에 앞에서 말한 우주 배경 복사가 발견되면

● ● ●

엔트로피 물질계의 열적 상태를 나타내는 물리량. 이것은 바꿔 말하면 물질계의 무질서한 정도를 나타낸다고 볼 수 있으므로, 우주가 엔트로피가 증가하는 방향으로 변한다는 것은, 물체 또는 공간이 질서 있는 상태로부터 무질서한 상태로 바뀐다는 뜻이기도 하다. 이때 그 가역 현상은 자발적으로는 일어나지 않는데, 옷에 번진 잉크가 다시 잉크 방울로 모이지 않는 것, 태운 종이의 재가 다시 종이가 되지 않는 것 등이 그 예라고 할 수 있다.

서, 정상 우주론을 지지하는 사람들과 우주가 시간과 함께 끊임없이 진화한다는 이론을 지지하는 사람들로 나뉘게 된다. 정상 우주론은 우주에 퍼져 있는 우주 배경 복사라는 신호를 조리 있게 설명할 수 없었고, 우주에 존재하는 원소들 대부분이 수소, 헬륨, 중수소 같은 가벼운 원소라는 사실이나 은하의 형성과 관련된 여러 가지 문제들도 해결할 수가 없었다. 그렇게 해서 정상 우주론은 힘을 잃었고, 지금은 역사적으로 그런 이론이 있었다는 정도의 의의밖에 없다.

4

새로운
정답이 있을까?

옛 우주와 지금의 우주가 같을까?

어두운 밤하늘을 둘러싼 수수께끼는 수 세기 동안 풀어야 할 숙제로 남아 있었다. 수많은 가설들이 나타났다가 사라진 후에야 포와 켈빈이 해결책을 내놓았다. 무한한 우주에 무수히 많은 별이 있다고 해도, 중요한 것은 별의 숫자가 아니라 실제로 빛을 보내는 별의 숫자였던 것이다. 따라서 별의 수명이 유한하고 영원하지 않은 우주 속에서, 밤하늘이 어두운 이유는 빛이 한정된 속도를 가지고 있기 때문이라고 설명할 수 있다. 하지만 이것은 별만이 존재하고 정적인 상태에 있는 우주, 즉 19세기 과학자들이 생각한 우주에서만 들어맞는다.

일반 상대성 이론으로 인한 사고 혁명과 현대 우주론의 발전으로 인해 오늘날 우리가 생각하는 우주는 19세기의 우주와는 큰 차이를 보인다. 오늘날 우주는 팽창 중에 있으며, 과거를 가지고 있고, 별들이 은하를 이루고 있다. 그리고 은하는 점점 규모가 커지는 서열 구조를 이루면서 분포되어 있는데, 은하에는 빛나는 별만 있는 것이 아니라 별의 생성 기원이 되는 가스도 포함되어 있고, 아직 그 성질이 정확하게 밝혀지지는 않았지만 암흑 물질도 존재한다. 또한 오늘날 천체 물리학자들은 우주의 부분적인 기하 구조와 전체적인 기하 구조를 규명하고자 노력하고 있는데, 수학과 물리 이론의 발전으로 해답을 찾을 수 있는 가능성도 매우 높아졌다. 이렇듯 19세기와는 우주의 틀이 완전히 달라졌다. 그렇다면 어두운 밤하늘이라는 문제도 바뀌었을까? 물론이다!

새로운 정답은 무엇일까?

빅뱅 이론은 별의 수명이 유한하다는 것을 전제로 한다. 별들은 과거의 어느 시기에 나타났으며, 그전에는 별이 존재하지 않았고 존재할 수도 없었다. 특수 상대성 이론에 따르면 빛의 속도도 유한하다. 따라서 포와 켈빈의 해답에서 사용한 기본 논거는 지금도 여전히 유효하다. 그러나 이 답을 다시 생각해 보게 만드는 중요한 사실이 세 가지가 있다. 바로 우주의 팽창, 천체의 중심에서 일어나고 있는 활동, 우주 배경 복사가 그것이다. 이 세 가지 사실을 고려할 때 어두운 밤에도 눈에는 보이지 않지만 수많은 복사선이 있다는 새로운 답이 나온다.

먼저 우주의 팽창과 관련한 내용부터 살펴보자. 우주가 계속 팽창하고 있으므로, 우주 멀리 어떤 지점에서부터 오는 신호를 지구에서 관찰했을 때 그 파장은 시간에 따라 차이가 생긴다. 여기서 짚고 넘어가야 할 사실은 가시광선이 전자기 파동의 한 특수한 예에 지나지 않는다는 것이다. 가시광선이 인간의 눈에 보이는 것은 가시광선의 파장이 400나노미터[*]에서 800나노미터 사이에 해당하기 때문이다. 그보다 파장이 짧은 전자기 파동은 자외선이 되는데, 이는 눈에 보이지는 않지만 피부를 태우는 성질을 가지고 있다. 그보다 긴 파장에서는 열원을 둘러싼 적외선이 되며, 이 역시 눈에는 보이지 않는다. 같은 방식으로, 파장을 점점 줄이면 X선과 방사능의 특수한 형태로 에너지가 매우 높은 감마선이, 파장을 점점 늘이면 마이크로파와 라디오파가 나타난다. 아주 먼 은하 중심에 있는 별에

● ● ●

나노미터 10억 분의 1미터. nm 이라고 표기한다.

서 나오는 빛은 가시 영역에 속한다. 하지만 지구에 도착했을 때 그 빛은 전자기 스펙트럼으로 바뀌어 있는데, 별과 지구 사이의 거리에 따라 다르지만 대개 적외선 영역이 되어 있고, 그 결과 인간의 눈에는 보이지 않는다. 하지만 보이지 않는 것일 뿐, 별의 빛은 분명히 존재하는 것이다.

다음으로 천체의 중심에서 일어나고 있는 활동이 어두운 밤하늘과 어떤 관계가 있는지 살펴보자. 별과 은하, 또는 분자 구름과 같은 별이나 은하의 진화 형태, 퀘이사,* 은하단, 그리고 우주 제트,* 초신성,* 극초신성, 감마선 폭발 천체,* 블랙홀* 등과 같은 천체물리학의 유령들까지, 천체의 중심에서 일어나는 물리적 과정은 강한 복사 에너지를 내놓고 있으며, 때로는 물질의 소립자를 방출하기도 한다. 하지만 이때 방출하는 빛이 가시 영역에 속하는 경우는 드물다. 사실상 모든 종류의 파장이 활동하고 있다고 해도 될 것이다. 예를 들어 여러 개의 은하

●　●　●

퀘이사 블랙홀이 주변 물질을 집어 삼키는 에너지에 의해 형성되는 거대 발광체로서 '준성'이라고도 하며, 지구에서 관측할 수 있는 가장 먼 거리에 있는 천체이다. 하늘에서 별처럼 보이지만 사실은 수천 내지 수만 개의 별로 이루어진 은하이며, 그렇게 멀리 있음에도 불구하고 관측이 가능한 것은 거대한 에너지를 방출하고 있기 때문이다

가 분포해 있는 은하단 중심의 뜨거운 가스는 온도가 수백만
도에 달하기도 한다. 이 같은 온도에서 물질은 가시광선이 아
닌 X선에 속하는 복사 에너지를 내놓는다. 이러한 X선은 망원
경이나 위성을 통해 실제로 관측되는데, 그것을 분석함으로써
천체물리학자들은 은하단과 은하의 형성 과정을 되짚어 볼 수

● ● ● ●

우주 제트 블랙홀이 주위 가스를 빨아들이면 그 가스는 블랙홀 주변을 빙빙 돌면
서 빨려 들어가게 되고, 그렇게 빨려 들어가다 보면 가스가 원반 형태로 블랙홀을
감싸게 된다. 그러면 블랙홀 주변은 블랙홀의 중력과 가스의 압력으로 엄청난 고
압 고열의 상태가 되는데, 그러한 고에너지 상태에서 가스는 팽창하려 하지만 가
스 원반면으로는 이미 가스가 가득 차 있는 상태이고, 따라서 가스가 팽창할 수 있
는 유일한 곳은 원반면에 수직인 방향밖에 남지 않게 된다. 결국 가스가 분출되는
것처럼 밀려 나오게 되는 것이다. 이러한 현상을 멀리서 보면 블랙홀 중심에서 수
직으로 엄청난 가스가 분출되는 것처럼 보이는데, 이것을 우주 제트라고 한다.

초신성 질량이 매우 큰 별의 경우 진화 마지막 단계에 이르면 폭발하면서 엄청난
에너지를 순간적으로 방출, 평소의 수억 배에 이르는 밝기에 이르렀다가 서서히
어두워지는데, 마치 새로운 별이 생겼다가 사라지는 것처럼 보이기 때문에 이를
초신성이라고 한다. 폭발 에너지가 초신성보다 훨씬 클 경우 극초신성이 된다.

감마선 폭발 천체 1960년대 핵무기 실험 감시를 위해 위성으로 감마선을 검출
하는 과정에서 지상이 아닌 하늘로부터 오는 감마선 신호가 검출되었는데, 그것
이 바로 감마선 폭발 천체에서 오는 것이었다. 감마선 폭발은 수명이 태양의 수백
분의 1보다 짧은, 질량이 매우 큰 별이 최후를 마칠 때 일어나는데, 감마선 폭발
천체가 방출하는 에너지는 초신성 폭발 때 방출되는 에너지의 100배가 넘는다.

블랙홀 초고밀도에 의하여 생기는 중력장의 구멍. 항성이 진화의 최종 단계에서
한없이 수축하여, 그 중심부의 밀도가 빛을 빨아들일 만큼 매우 높아지면서 생겨
난다.

도 있다. 이처럼 물리적인 활동을 하고 있는 모든 우주 물체들에서 나온 복사 에너지를 조사해 보면 우주에서 일어나는 복사 현상의 기초를 세울 수 있다. 대개 복사 에너지는 육안으로 볼 수 없지만, 그 에너지를 통해 우주의 역사와 내용물, 구조, 진화 과정을 살펴볼 수 있다.

마지막으로, 우주 배경 복사가 남았다. 우주에 가장 많이 퍼져 있는 복사 에너지는 우주 마이크로파 배경 복사이며, 전 우주에 균일하게 분포되어 있다. 앞에서 살펴보았듯이 이 복사는 우주가 과거에는 매우 뜨거웠음을 보여 주는 흔적이다. 약 150억 년 전, 걸쭉한 수프 같은 것으로 채워져 있던 태초의 우주는 초고온, 초고밀도의 상태에서 복사 에너지를 내놓았다. 파장에 따른 세기는 우주의 평균 온도에 따라 달라지는데 이것이 바로 흑체 복사이다. 이 현상은 양자 역학의 발전에 중요한 역할을 했다.

이처럼 우주가 생성되던 무렵에는 우주 복사 에너지가 매우 높았다는 사실을 알 수 있다. **초기 특이점**, 즉 우주가 제로였던 순간을 가정하는 이론의 경우, 그 온도가 무한대였다고까지 말한다. 따라서 당시의 하늘은(하늘이라는 개념은 지구 입장에서 나온 것이고, 여기서 말하는 시기에는 지구가 존재하지도 않았으니까, 그러한 물리적 조건에서도 하늘이라고 말할 수 있다면) 하나의 태양빛이나, 하나의 별빛이나, 어떤 사람들이 말하듯이 수천 개의 태양빛을 받고 있었던 것이 아니라, 무수한 태양들로부터 오는 빛을 받고 있었던 셈이다. 모든 우주 공간에서 어마어마한 빛을 발하고 있었을 테니까 말이다. 그때는 밤하늘이 어둡지 않았다. 우리가 타임머신을 타고 과거로 돌아가서 자연이 빚어내는 찬란한 경이를 볼 수 없다는 게 아쉽다.

뜨거웠던 우주는 팽창을 계속하면서 점점 식었고, 복사 에너지도 모든 파장을 훑고 지나가면서 처음의 10,000켈빈에서 지금은 약 2.7켈빈(섭씨 영하 270도)으로 온도가 감소되었다. 이러한 온도에서는 가시광선이 아니라 마이크로파가 복사된다. 인간의 눈에는 밤하늘이 어두워 보이지만, 전자기 신호 탐지기로 보면 결코 어둡지 않은 것은 그 때문이다. 따라서 어두운 밤하늘을 제대로 보기 위해서는 신체의 눈이 아니라 지식의 눈으로 보아야 한다. 어둡지만 어둡지 않은 밤. 바로 이것이 현대 우주론이 '밤하늘은 왜 어두울까?' 라는 질문과 답을 새롭게 바꾸었다고 말한 이유이다.

밤의 어둠은 우주로 열린 창이다. 우리 눈에 밤하늘은 어두워 보이지만, 그 어둠을 통해 이 세계가 어떻게 만들어져 있는지를 가르쳐 주고 있으니 참으로 빛나는 스승이 아닐 수 없다.

우주의 비밀을 향한 길은 멀고도 험하다.

더 읽어 볼 책들

- 박석재, 『별과 은하와 우주가 진화하는 원리』(성우, 2005).
- 이영욱, 『우주 그리고 인간』(동아일보사, 2000).
- 조경철, 『청소년이 꼭 알아야 할 대우주 이야기』(서해문집, 2000).
- 정재승 기획, 김제완 외, 『상대성 이론 그후 100년』(궁리, 2005).
- 나카야마 시게루, 김향 옮김, 『하늘의 과학사』(가람기획, 2001).
- 사이타 히로시, 김장호 옮김, 『별에 가까이 간 사람들』(가람기획, 2002).
- 사토 가츠히코, 김선규 공저, 봉영아 옮김, 『상대성 이론의 아름다움』(비타민북, 2005).
- 사토 가쓰히코, 안소현 옮김, 『그림으로 쉽게 이해하는 상대성 이론』(회경사, 2004).
- 데이비드 필킨, 동아 사이언스 옮김, 『스티븐 호킹의 우주』(성우, 2001).
- 마틴 리스, 김재영 옮김, 『우주가 지금과 다르게 생성될 수 있었을까?』(이제이북스, 2004).
- 마틴 리스, 한창우 옮김, 『태초 그 이전』(해나무, 2003).
- 스티븐 와인버그, 신상진 옮김, 『최초의 3분』(양문, 2005).
- 스티븐 호킹, 김동광 옮김, 『그림으로 보는 시간의 역사』(까치글방, 1998).
- 아미르 D. 액설, 김희봉 옮김, 『신의 방정식』(지호, 2002).
- 재너 레빈, 이경아 옮김, 『우주의 점』(한승, 2003).
- 케네스 C. 데이비스, 이충호 옮김, 『우주의 발견』(푸른숲, 2003).
- 케네스 C. 데이비스, 노태영 옮김, 『울퉁하고 불퉁한 우주 이야기』(푸른숲, 2004).

논술·구술 시험은 논리적이고 종합적인 사고를 요구한다. 다음에 제시된 문제는 이 책의 주제와 연관이 있는 논술·구술 기출 문제이다. 이 책을 통하여 습득한 과학적 지식과 원리, 입체적이고 논리적인 접근 방식을 활용하여 스스로 문제에 답해 보자.

▶ 빅뱅에 대해 설명해 보라.

▶ 우주의 온도는 몇 도인가?

옮긴이 | 김성희

부산대 불어교육과 및 동대학원을 졸업했으며 현재 전문 번역가로 활동 중이다.

민음 바칼로레아 16

밤하늘은 왜 어두울까?

2판 1쇄 펴냄 2021년 3월 30일
2판 5쇄 펴냄 2024년 8월 8일

1판 1쇄 펴냄 2006년 2월 8일

지은이 | 장미셸 알리미
감수자 | 곽영직
옮긴이 | 김성희
발행인 | 박근섭
펴낸곳 | ㈜민음인

출판등록 | 2009. 10. 8 (제2009-000273호)
주소 | 06027 서울 강남구 도산대로 1길 62 강남출판문화센터 5층
전화 | 영업부 515-2000 **편집부** 3446-8774 **팩시밀리** 515-2007
홈페이지 | minumin.minumsa.com

도서 파본 등의 이유로 반송이 필요할 경우에는 구매처에서 교환하시고
출판사 교환이 필요할 경우에는 아래 주소로 반송 사유를 적어 도서와 함께 보내주세요.
06027 서울 강남구 도산대로 1길 62 강남출판문화센터 6층 민음인 마케팅부

한국어판 © (주)민음인, 2006. Printed in Seoul, Korea
ISBN 979 11-5888-778-0 04000
ISBN 979 11-5888-823-7 04000(set)

㈜민음인은 민음사 출판 그룹의 자회사입니다.